AF404353

ASSOCIATION

FRATERNELLE

ENTRE LES OUVRIERS PAVEURS ET MANOUVRIERS

POUR

Les Travaux de Pavage, de Terrassement et d'Entretien des Routes,

FONDÉE A LYON LE 23 JANVIER 1849,

Par Acte passé devant Me BOURGEOIS, Notaire à la Guillotière.

ACTE D'ASSOCIATION ET RÉGLEMENT.

ARTICLE PREMIER.

Les Ouvriers Paveurs et Manouvriers dénommés audit acte s'associent pour l'exercice de leur profession. Leur association est formée pour la durée de trois années qui ont commencé le 23 janvier 1849 et qui finiront le 23 janvier 1852.

L'association se chargera de tous travaux de pavage et de terrassement, soit à Lyon et dans ses faubourgs, soit dans tous autres lieux, et cela en traitant de gré à gré à ce sujet, ou en se rendant adjudicataire desdits travaux.

Art. 2.

M. Charles Porchet, l'un des associés, est nommé syndic de l'association ; il aura pour attributions de soumissionner les travaux, de les diriger, de contracter pour l'association, de la représenter dans les rapports avec l'administration ou avec toutes autres personnes pour la réception des travaux, le réglement des comptes et l'acquittement des mandats de paiement.

Art. 5.

Conformément au décret du 15 juillet 1848, il est créé un fonds de secours destiné à subvenir aux besoins des associés malades, ou qui seraient blessés par suite de l'exécution des travaux, des veuves et enfants des associés morts.

Art. 4.

Pour former ce fonds de secours, il sera prélevé 10 pour 100 sur le produit des travaux ; mais quand il aura atteint le chiffre de 5,000 fr., le prélèvement ne sera plus que de 5 pour 100.

Art. 5.

Les droits des associés au produit des travaux ne sont pas égaux. Ces associés seront, à cet effet, divisés en trois classes : ceux de la première classe auront *cinq francs* par jour, ceux de la seconde *quatre francs*, et ceux de la troisième, c'est-à-dire les manouvriers, *deux francs vingt-cinq centimes.*

Les sommes restant en caisse après le prélève- des faux frais, frais d'outils, le paiement des journées et la retenue pour la caisse de secours constitueront le bénéfice Ce bénéfice sera partagé entre les associés proportionnellement aux sommes reçues par chacun pour son travail.

Mais jusqu'au partage définitif des sommes provenant de chaque entreprise, les associés pourront recevoir pour leurs besoins personnels, et à titre de levée, les trois quarts du prix de leurs journées. Les distributions de sommes à titre de levées ne seront faites qu'au fur et à mesure de recettes.

Art. 6.

L'ouvrier malade touchera *deux francs* par jour sur la caisse de secours. S'il meurt, les frais de son inhumation seront à la charge de la Société et pris sur le fonds de secours.

Art. 7.

Celui des ouvriers qui sera renvoyé par les architectes ou ingénieurs, recevra ce qui lui sera dû par l'association, déduction faite de tout prélèvement, et ne pourra jamais rien prétendre sur les fonds de secours. On ne lui paiera avant son renvoi que les à-comptes attribués aux autres ouvriers; il n'aura droit au solde et au bénéfice qu'à l'époque où les autres ouvriers les recevront. Il ne pourra, pendant l'année qui suivra sa retraite, prendre aucune entreprise directement ni indirectement, sans quoi il sera passible envers l'association de dommages-intérêts fixés à 50 pour 100 du produit de l'entreprise.

Art. 8.

L'ouvrier qui aura contracté des dettes postérieurement à l'association sera tenu de les payer, sinon une retenue lui sera faite pour éteindre ces dettes, et il versera à la caisse de secours une somme de *deux francs* à titre d'amende.

Art. 9.

Tout ouvrier qui dans un chantier insulterait ou laisserait insulter les passants par un autre ouvrier du chantier, sera mis à pied pour quatre jours, même pour huit jours en cas de récidive. La troisième fois, il sera exclu de la Société.

Art. 10.

L'associé qui trouvera de l'ouvrage sera tenu d'en prévenir le syndic, qui traitera avec les personnes à ce sujet. Dans le cas contraire, et si l'associé faisait l'ouvrage pour son compte, il sera passible envers l'association de dommages-intérêts fixés à un tiers du prix de l'ouvrage.

Art. 11.

Chaque associé aura un livret sur lequel le syndic inscrira le nombre des journées par lui faites et les sommes qu'il aura reçues, enfin tout ce qui sera nécessaire pour établir sa position vis-à-vis de la Société.

Art. 12.

Il est formé un conseil de famille composé des sieurs Jean-Baptiste Freynet, Marcellin Planard et Claude Bourdillon, tous plus bas nommés.

Ce conseil est chargé de juger en dernier ressort, et comme amiable compositeur, toutes les difficultés qui pourront s'élever entre les associés, lorsque leur objet ne dépassera pas *cent cinquante francs;* de faire exécuter le réglement intérieur de l'association, et d'infliger les peines qui y sont stipulées, sans préjudice des droits attribués par les réglements aux ingénieurs et architectes sur le personnel des chantiers ; de fixer la part de chacun des associés dans les payements d'à-comptes, et de partager le solde de l'entreprise proportionnellement 1° aux sommes reçues par chacun d'eux pendant la durée de sa participation aux travaux de l'association, 2° et à la fixation ci-dessus faite du prix des journées ; de faire la distribution du fonds de secours ; de régler la condition des ouvriers associés qui seraient exclus des chantiers par les ingénieurs ou architectes. Ce conseil sera d'ailleurs chargé de juger quels seront parmi les ouvriers malades ceux qui auront droit au secours à prélever sur la caisse destinée à cet usage.

Art. 13.

Les fonctions des membres du conseil de famille et celles du syndic dureront une année. En cas de décès de l'un des membres ou du syndic, il sera remplacé ; il sera remplacé encore en cas de tout autre empêchement. A l'avenir, la nomination des membres du conseil et celle du syndic auront lieu au scrutin et à la majorité absolue des suffrages. Le syndic ou les membres sortants pourront être réélus.

Art. 14.

L'association ne cessera pas par le fait du décès

d'un ou de plusieurs associés; elle continuera entre les survivants. Les associés décédés ou renvoyés pourront être remplacés pour les entreprises non soumissionnées; mais l'admission de leurs successeurs devra être prononcée en assemblée générale, également au scrutin et à la majorité absolue des suffrages.

Art. 15.

Les associés composant la première classe d'ouvriers sont : les sieurs Antoine Béraud, Louis Brun fils, Jean Bompart, Claude Bourdillon, Henri Boiton, Vincent Bonichon, Jean-Baptiste Chambeyron, Etienne Freynet père, Louis Freynet, Jacques Freynet, Jean-Baptiste Freynet, Etienne Freynet fils, Jean Martin, Marcellin Planard, Charles Porchet et Nicolas Payet.

Ceux composant la deuxième classe sont : les sieurs Benoît Brun père, François Freynet, Bertrand Lacaze, Nicolas Fontaine, Anthelme Pitiot et Charles Couder.

Et ceux de la troisième classe, c'est-à-dire les manouvriers, sont : les sieurs Michel Gallet, Pétrus Richard, Jean Marcel, Louis Vindry, Claude Guignon, Jean Chapotin, Joseph Baconnier, François Verdun cadet, Antoine Colomb, Louis Point, Charles Ruty, Sébastien Jallard,

Pierre Valleix, François Long, Jean-Antoine
Buinand, Pierre Dumas, Louis Pitiot, Pierre
Beaujean, François Dubuis, Alexandre Toussaint,
Plasse et Charles Sélard.

Art. 16.

Le conseil d'administration se compose d'un
syndic, de trois membres du conseil de famille,
d'un secrétaire et d'un trésorier.

Art. 17.

Le syndic est chargé de la direction générale
de la Société. Il doit faire observer le réglement
avec impartialité, mais avec rigueur; il est obligé
de présider à toutes les assemblées générales,
d'assister aux délibérations du conseil; enfin,
rien de ce qui concerne la Société ne doit lui être
étranger.

Art. 18.

Le secrétaire est tenu de se présenter à la recette qui a lieu chaque dimanche, aux heures
fixées par le réglement, lorsque les assemblées
auront lieu; il est chargé d'inscrire les cotisations
et amendes sur un grand-livre où seront enre-
gistrés les nom, prénoms, demeure, numéro
d'ordre et la position de chaque sociétaire. Il doit
avoir soin de vérifier l'état de compte des socié-

taires, en rendre un détail exact au syndic, et prévenir les membres qui seraient en retard.

Art. 19.

Le trésorier est dépositaire responsable des fonds de la Société. Il doit se présenter au bureau avant la fin de la séance pour y recevoir le montant de la recette et en donner quittance. La caisse est placée chez lui ; elle a trois clefs, dont une entre ses mains, une entre celles du syndic et une entre les mains du secrétaire. Cette caisse contient les fonds de la Société ainsi que ses archives.

Art. 20.

Le trésorier ne peut se déssaisir dans aucun cas des fonds de la Société que sur la présentation d'un mandat signé du syndic, des membres du conseil de famille et du secrétaire. Il ne pourra non plus transporter la caisse hors de chez lui sans le consentement de la Société. Les membres du bureau porteurs des clefs sont responsables les uns pour les autres des fonds de la Société.

Art. 21.

Les recettes et dépenses de la Société sont inscrites sur deux registres, dont l'un est remis

au trésorier et l'autre au secrétaire. Il est ouvert
sur ces mêmes registres un compte pour chaque
sociétaire, lequel sera comparé toutes les années
en assemblée générale. Ce compte présentera les
sommes dues et les amendes qui auront été en-
courues.

Art. 22.

La Société prend l'engagement d'exécuter tous
les travaux de pavage qui se présenteront, en
quelque lieu que ce soit, au profit de l'association,
et par brigade désignée à tour de rôle par le
syndic. Un tableau sera tenu à cet effet.

Art. 23.

Lorsque les travaux ne suffiront pas pour oc-
cuper tous les associés, les brigades seront re-
nouvelées toutes les semaines, au fur et à mesure
que chacune d'elles aura fait le temps de travail
ci-dessus indiqué.

Art. 24.

Les travailleurs embrigadés, exécutant des
travaux à la distance de vingt kilomètres, ne
seront remplacés que sur l'ordre du syndic,
d'après la décision du conseil de famille. Cependant ceux qui désireraient se faire remplacer
après quinze jours en préviendront le syndic au

moins quatre jours d'avance. La demande de remplacement sera motivée par le chef du chantier, et les demandeurs seront amendés des frais que pourraient encourir les remplaçants.

Art. 25.

Tout associé appartenant à un chantier qui ne continuerait pas le travail dans un cas pressé, et par suite ferait chômer le travail, subira le premier jour une amende de *deux francs*, le deuxième *quatre francs*, le troisième *six francs*, et enfin le quatrième jour entraînera son exclusion de la Société, sauf le cas où il prouverait des motifs d'urgence.

Art. 26.

Tout associé qui commencera sa journée dix minutes après l'heure indiquée sera amendé de *cinquante centimes*. La même amende sera prononcée chaque fois qu'il s'absentera du chantier par tiers ou quart de jour, sauf les cas d'urgence.

Art. 27.

Tout ouvrier étranger à la Société ne pourra être occupé que lorsque l'urgence des travaux le nécessitera.

Art. 28.

Il est expressément défendu à tout sociétaire

de faire des apprentis, à moins que ce ne soient des fils de maîtres ou d'ouvriers paveurs. Celui qui ne se conformerait pas à cet article sera passible, pour chaque fois, d'une amende fixée à *dix francs.*

Art. 29.

Le syndic ou tout autre sociétaire chargé du courtage des travaux pour la Société, dans la ville ou à la campagne, recevra le montant de sa journée comme travailleur ; en outre, les frais indispensables seront au compte de la Société. Il devra se hâter de manière à ne pas perdre son temps et à compter sur une journée qui ne lui serait point allouée. Il ne sera pas exempt du travail manuel, hors le cas ci-dessus.

Art. 50.

Il sera nommé, en assemblée générale, trois vérificateurs permanents chargés de surveiller les opérations du bureau.

Art. 51.

Le syndic ou le conseil désignera, pour la première fois, un sociétaire pour remplir les fonctions de visiteur pendant une semaine ; chacun sera ensuite chargé, à tour de rôle, de visiter les malades pendant huit jours. Le visiteur qui ne remplira pas ses fonctions exactement ou qui manquera à son devoir, sera amendé d'*un franc* pour la première fois, de *deux francs* pour la seconde, et à la troisième il sera mis à pied pour quatre jours; en cas de non travail, il payera *cinq francs* d'amende. Le visiteur sera en outre tenu de visiter les malades aux mêmes conditions que ci-dessus.

Art. 32.

Nul n'est dispensé d'assister aux assemblées générales ou particulières, toutes les fois qu'il y aura convocation. L'appel sera fait une demi-heure après l'heure indiquée pour la réunion; ceux qui n'y répondront pas seront amendés de *cinquante centimes,* et ceux qui ne se présenteront pas avant la fin de la séance payeront *un franc* d'amende, à moins qu'ils ne produisent des excuses légitimes.

Art. 33.

Lorsqu'un sociétaire se permettra, dans les assemblées, des injures ou des menaces contre quelques membres de la Société, les membres du bureau pourront, par mesure de police, le condamner à payer pour la première fois *deux francs* d'amende, pour la deuxième fois *quatre francs,* et pour la troisième il sera mis à pied ou amendé en cas de non travail, suivant le délit.

Art. 34.

Les sociétaires sont tenus de faire connaître leur changement de domicile; celui qui ne le ferait pas connaître serait amendé de *deux francs*.

Art. 35.

Il est interdit à tout sociétaire de faire connaître à qui que ce soit le prix des journées ou des travaux auxquels il aura été employé, sous peine d'une amende de *cinq francs* pour la première fois, et, à la seconde, d'être mis à pied pour quatre jours ou de payer une amende de *dix francs* en cas de chômage.

Art. 36.

Tout sociétaire qui aurait encouru une amende et qui se refuserait de la payer, sera amendé du double s'il n'a pas justifié de ses droits.

Art. 37.

Lorsqu'un sociétaire sera décédé, l'épouse, ou les parents, ou les amis du défunt en préviendront au plus tôt le syndic ou l'un des membres du bureau, lesquels feront les invitations pour assister aux funérailles.

Art. 38.

Ces invitations seront portées par le visiteur de semaine à tous les sociétaires, qui seront tenus d'accompagner le convoi funèbre jusqu'au cimetière. A défaut par eux de s'y rendre, ils payeront une amende de *deux francs* à la prochaine assemblée.

Art. 39.

Tous les sociétaires seront tenus de remettre leurs lettres d'invitation au syndic lors de la sortie du cimetière, sous peine d'être considérés comme absents et de payer l'amende prescrite par l'article précédent.

Art. 40.

Toutes les femmes des sociétaires, sans distinction, qui décéderont, seront enterrées aux frais de la Société. Tous les sociétaires seront tenus d'y assister, sous peine de l'amende prononcée par l'art. 38.

Art. 41.

Si un cas non prévu par ledit réglement se présentait, il en serait donné avis au syndic qui convoquerait la commission pour prendre son avis sur l'objet en discussion. Si ces cas nécessitaient l'addition d'un ou de plusieurs articles au réglement, le conseil les rédigerait provisoirement; mais ils ne pourraient être insérés dans ledit réglement qu'après avoir été approuvés en assemblée générale.

Art. 42.

Tout sociétaire qui se présentera sur les travaux en état d'ivresse encourra les peines portées par l'art. 28 et sera renvoyé du chantier.

Art. 43.

Tout sociétaire qui travaillera à la journée pour un entrepreneur sera tenu de faire connaître le nom de la personne pour laquelle il travaille et derendre un compte exact des journées ou du travail qu'il aura fait, en mentionnant le prix qu'il en aura reçu ; s'il s'y refusait, il subirait une amende réglée par le conseil de famille, selon l'importance des travaux.

Art. 44.

Chaque chef de chantier sera obligé de tenir parfaitement en règle le compte des journées de ses hommes et de faire une situation qui sera remise au secrétaire ; celui qui y manquerait serait amendé de *deux francs.*

LYON, imprimerie de Boursy fils.

SOMMES REÇUES

PAR LE SOCIÉTAIRE PORTEUR DU PRÉSENT LIVRET.

	fr.	cent.

	fr.	cent.
	fr.	cent.

	fr.	cent.
	fr.	cent.

	fr.	cent.
	fr.	cent.

	fr.	cent.

	fr.	cent.

	fr.	cent.

	fr.	cent.

	fr.	cent.

	fr.	cent.

AMENDES ENCOURUES
PAR LE SOCIÉTAIRE PORTEUR DU PRÉSENT LIVRET.

	fr.	cent.

	fr.	cent.

	fr.	cent.

	fr.	cent.
	fr.	cent.

	fr.	cent.

	fr.	cent.